国家汉办／孔子学院总部汉语国际推广基地项目

中国园林

The Art of Chinese Gardens

唐锡光　贾慧敏　著

山东大学出版社

宁继鸣

经过近两年的编撰修订，《中国文化读本》系列丛书终于有机会呈现在读者面前了。

《读本》的策划与实施，来源于对当前语言与文化传播的理解。当各国各民族的科技成果、生活方式通过多元化的信息传播渠道以百川汇海之势融入全球化浪潮时，世界也在倾听不同国家、民族的声音，欣赏多元文化的精彩。每一个民族和国家的语言与文化，都可能在全球化的过程中影响他人，变革自我。传统文化与现代文明、东方文化与西方文化在时间和空间的交织中对话，在国家、地区、种族的跨文化传播中交流与重构。正如全球化市场需要中国一样，全球多元文化的交流同样离不开中国，绵亘发展了五千年的中华文化同样也应该在全球化浪潮和社会需求的涌动与召唤下，逐渐走向国际舞台，展现自己的风采。

为了让中华文明的优秀成果为世界了解与共享，我国每年有相当数量的文化普及读物走向世界，这其中不乏脍炙人口的优秀作品，但从总体看，美好的愿望与现实之间仍存在很大距离。从政府到民间，众多专家和学者都在思考这个问题，并在自己的实践中寻求突破的路径。随着科学技术的不断发展，时空被压缩，网络更发达，机遇与挑战并存。应该说，语言、技术和平台本身不是难以逾越的障碍，关键是如何选择一种符合国际语境的中华文化的呈现、诠释和传播的方式。

在民族文化语境下，中华文化知识是“一元”的，但在传播过程中，这些知识被置于“多元”的文化语境，即不同国家、不同民族的文化环境下。要实现知识或信息在“一元”与“多元”之间有效传递，不发生传播的偏向，最大程度地确保不同文化背景、价值观念和思维方式的受众能够较为准确地理解和接受传播内容，需要一个语码转换的过程，需要传播主体在民族文化认知的基础上进行理性的文化选择、生动的文化呈现和恰当的文化诠释。而这种语码转换——文化选择、呈现、诠释和传播的能力，是影响文化传播效果的关键因素，也是我们的普及读物获得域外读者关注、认可所亟待解决的核心命题。

带着一种探索与尝试的心态，我们启动了《读本》的编撰工作。研发通俗易懂的中华文化优秀普及读物是国家汉办、山东大学中华传统文化研究与体验基地的建设任务之一，本套丛书也得到了国家汉办/孔子学院总部的支持。

2010年，在对海内外文化普及读物广泛调研的基础上，我们召开了《读本》编撰研讨会，很快得到国内广大专家、学者的支持与响应。参与编撰的学者多是该选题领域的专家，对选题认识深刻，积淀深厚，他们积极为《读本》编写献计献策。尽管视角不同，方法多样，形式不拘一格，但在目标上却有共识：通过自己的努力，为中国文化的精粹走向世界略尽绵薄之力。

为了实现这一目标，学者们倾注了心血和智慧，他们深厚的学养和严谨的著述态度确保了文稿内容的权威性，而为达到文化传播效果，不惜几易其稿的精神，更令我们敬佩感动。可以说，在他们的大力支持下，《读本》从无到有，迈出了关键的一步。

为了促进中国文化的世界传播，增强跨文化交流的效果，《读本》在以下几个方面作了一些尝试：

首先，关注文化选择能力。文化选择是一种意识，也是一种能力，需要传播主体建立中外文明同时空的理念，自觉地进行中外文化比较，寻找双边文化的共鸣点和契合点，在尊重外国读者文化接受心理的基础上筛选知识，诠释知识，传播知识。敢于舍弃，寻求重点、焦点内容，是必要而重要的。事实证明，平铺直叙和面面俱到的表达方式往往不能奏效。

其次，尝试采用多元文化的呈现形式。《读本》的文化呈现是多元化的。除借助浅易生动的文辞外，《读本》还配以精彩的插图，试图通过图文并茂的呈现形式，借助图片传播的特色增进文化理解。

最后，选取恰当的文化诠释方式。《读本》尽量避免学术语境，行文中贯穿着情节化、故事化的表述，夹叙夹议，可读性强，通过对故事的理解增进对文化元素内涵的认知。在叙述结构与方式方面，尝试“倒向思维”，突出中华文化生活化的比重，从当下起笔，将丰厚的文化元素发展历程作为被诠释内容的“五色土”，挖掘适宜的土壤，来培育文化传播的种子。

坦率地讲，从学术语境转向生活语境，也就是说，由学理转向普及的过程对很多人来讲都不是一个简单的转换过程，很多学者在《读本》的撰写过程中体会到了大家写“小书”的不易。中华文化的跨文化传播是一项崇高的事业，也是一个学术命题和文化现象，更是一种社会责任和民族担当，需要一代代学人和文化教育领域的工作者同心同德、群策群力。

《读本》的编撰是探索中国文化走向世界路径的一次尝试，不免存在不足，然而“九层之台，起于垒土；千里之行，始于足下”，希望能在读者的批评和修正中，不断完善与提升本丛书。

目录 Contents

绪论

一般认为，中国园林体系与西亚伊斯兰园林体系、欧洲园林体系共同构成世界古典园林的三大系统。从古典园林的起源来看，西亚园林与欧洲园林都可上溯到公元前3000年的古埃及，而中国园林则是另外一个独立的体系。

与发展历史相关，中西方古典园林最主要的一个外在差异就表现在其用途上：从中国农耕文明中发展而来的中国古典园林，重视“国”与“家”的概念和实用性原则，无论是皇家园林还是私人园林，首要的用途都是用来居住与生活；而西方古典园林最早的雏形是专门供贵族阶级游玩享乐的观赏性园林。

当然，中西古典园林最根本的区别还在于因文化背景的不同而形成的造园风格上的差异，概括来讲，就是中国园林的山水画意模式与西方园林的几何规则模式。

西方古典园林有两大特点：

第一，西方古典园林哲学基于“数的原则是一切事物的原则”的“唯理”美学观念，强调整齐一律的均匀对称，追求有序的和谐，表现在构园手法上则是具有明确的轴线引导、几何线条美，以及将人工培植的花草、雕塑等纳入到严格的几何关系中去。

第二，西方园林哲学推崇征服自然、改造自然的自然观，崇尚人的力量，因此西方古典园林的造园方法之一是强调人工美、技术美。

法国凡尔赛宫园林

最为典型的表现便是水法的运用，如喷泉，改变水从高向低流的自然法则。这种园林的风格美，以法国、意大利的园林为代表。

中国古典园林则基于“天人合一”的古代哲学思想，也就是强调自然与人之间的相互关系。中国园林追求绘画的真与美，将园林之美

与自然之真融为一体。园林构造以自然生态为范本，意在表现大自然的千奇百态之美，即使需要人工建造，也会力图模仿自然、再现自然，宛如一幅画作，以达到“虽由人作，宛自天开”的境界。黑格尔在所著《美学》一书中也曾表达过中国园林是“一种绘画”的观点：“讨论到真正的园林艺术，我们必须把其中绘画的因素和建筑的因素分别清楚。花园并不是一种正式的建筑，不是运用自由的事物而建造成的作品，而是一种绘画，让自然事物保持自然形状，力图摹仿自由的大自然。它把凡是自然风景中能令人心旷神怡的东西集中在一起，形成一个整体，例如岩石和它的生糙自然的体积，山谷，树林，草坪，蜿蜒的小溪，堤岸上气氛活跃的大河流，平静的湖边长着花木，一泻直下的瀑布之类。中国的园林艺术早就这样把整片自然风景包括湖、岛、河、假山、远景等等都纳到园子里。”①

中国园林中“壶中天地”的造园原则又凸显出意境之美，即在狭小的空间范围内通过建立完备的景观体系从而造出一个大千世界，这也是天人宇宙观的直接体现。最为典型的例子当属唐代诗人白居易的宅园：“地方十七亩，居室三之一，水五之一，竹九之一，而岛、树桥道间之……十亩之宅，五亩之园，有水一池，有竹千竿。勿谓土

① ［德］黑格尔著，朱光潜译：《美学》第3卷上册，北京：商务印书馆1981年版，第103～104页。

狭，勿谓地偏，足以容膝，足以息肩。有堂有亭，有桥有船……灵鹤怪石，紫菱白莲，皆吾所好，尽在我前。”[①] 可见在这规模甚小的宅园之中，诸如山、石、池、泉、溪、岛屿、桥、船、亭、榭、花木等所有园林景观几乎无一不备。

苏州园林——留园一角

① 白居易：《池上篇》序。

“天人合一”的哲学思想体现在中国园林中的另一个特色之处便是建筑的自然化。中国园林中的建筑虽不能完全模仿自然，但却能融合在山水花木的自然环境中，仿若是由自然而生。在中国生活多年的法国传教士王致诚在寄往欧洲的信件中如此描述对圆明园的印象：“我的眼睛从来不曾看到过任何与它相类似的东西，中国人在建筑方面表现出来的千变万化、复杂多端令人难以置信，我惟有钦佩他们的天才，我不得不承认，和他们比较，我们又单调又缺乏生气。”

第一章

中国园林纵横谈

一、用世界眼光看中国园林

（一）雨果《就英法联军远征中国致巴特勒上尉的信》

谈到中国园林，就不得不提到中国园林艺术的最高峰，被称为“万园之王”的圆明园。

如果你读过雨果《就英法联军远征中国致巴特勒上尉的信》（1861年11月25日于高城居），那你一定能够想象这座东方奇迹是如何惊异于世界的。

在世界的某个角落，有一个世界奇迹，这个奇迹叫圆明园。艺术有两种起源：一是理想，理想产生欧洲艺术；一是幻想，幻想产生东方艺术。圆明园在幻想艺术中的地位，和帕台农神庙（希腊最负盛名的古建筑，位于雅典的卫城之上，公元前447～前432年建成，原为供奉雅典娜女神的神庙）在理想艺术中的地位相同。一个几乎是超人民族的想象力所能产生的成就尽在于此。这不是一件稀有的、独一无二的作品，如同帕台农神庙那样；如果幻想能有典范的话，这是幻想的某种规模巨大的典范。请想象一下，有言语无法形容的建筑物，有某种月宫般的建筑物，这就是圆明园。请建造一个梦境，材料用大理石，用美

玉，用青铜，用瓷器，用雪松做这个梦境的房梁，上上下下铺满宝石，披上绫罗绸缎，这儿建庙宇，那儿造后宫，盖城楼，里面放上神像，放上异兽，饰以琉璃，饰以珐琅，饰以黄金，施以脂粉，请又是诗人的建筑师建造一千零一夜的一千零一个梦，再添上一座座花园、一片片水池、一眼眼喷泉，加上成群的天鹅、朱鹭和孔雀，总而言之，请假设有某种人类异想天开产生的令人眼花缭乱的洞府，而其外观是神庙，是宫殿，这就是这座园林。为了创建圆明园，曾经耗费了两代人的长期劳动。这座大得犹如城市的建筑物，是由世世代代建造而成的，为谁建造的？为各国人民。因为岁月完成的事物是属于人类的。

艺术家、诗人、哲学家，过去都知道圆明园；伏尔泰谈到过圆明园。我们常说：希腊有帕台农神庙，埃及有金字塔，罗马有斗兽场，巴黎有圣母院，东方有圆明园。如果说，大家没有看见过它，大家也梦见过它。这曾是某种令人惊骇的不知名的杰作，在不可名状的晨曦中依稀可见，如同在欧洲文明的地平线上显出亚洲文明的剪影。①

这是法国著名作家雨果应巴特勒上尉“征求”他对英法联军“远征中

① ［法］雨果著，程曾厚译：《雨果文集》第11卷，北京：人民文学出版社2002年版，第360～361页。

国的意见”而写的一封信。1856~1860年，英法联军发动侵华战争。他们一路攻陷广州，进占天津，控制了北京城，焚掠了圆明园。这座旷世园林在这场劫难中消失，现在的我们只能凭借那些断壁残垣，凭借法国国家图书馆中圆明园的绘画，凭借雨果先生对它的描述，尽可能去想象圆明园的盛世奇观。

（二）威尔逊《中国，园林的母亲》（*China, Mother of Gardens*）

在美国的某些图书馆的书架上有一本书叫《中国，园林的母亲》（*China, Mother of Gardens*）。在书的序言中，作者赞誉中国：

> 的确是园林的母亲，因为一些国家中我们的花园深深受益于她所具有的优质品位的植物，从早春开花的连翘、玉兰，到夏季绽放的牡丹、蔷薇，再到秋天傲霜的菊花；从现代月季的亲本、温室杜鹃、樱草，到吃的桃子、橘子、柚子和柠檬等，都是中国贡献给园林的丰富资源。事实上，美国或欧洲的园林中无不具备中国的代表植物，而且这些植物都是乔木、灌木、草本、藤本行列中最好的……

书的作者便是1876年出生于英国、20世纪初驰名西方的植物搜集家亨利·威尔逊（Wilson. Ernest Henry，1876~1930）。在1899~1911年间，他先后四次来到中国考察植物和采集标本。1899~1905年间，他受雇于英国维琪苗园公司（English Nursery Firm of Veitch），两次来中国寻觅观赏植物材料，所搜集物种被运往英国；1906~1911年间，他又受雇于美国麻省哈佛大学的阿诺德植物园（Arnold Arboretum），两次前往中国作进一步的植物考察，所搜集的植物物种被寄往美国。四次考察中，“他在中国的足迹遍及四川、湖北、云南、甘肃、陕西等省，共搜集乔灌木达1200种，其中包括4个新属，约400个新种；采制蜡叶标本65000份；他还将引进的鲜活植株、种子和鳞茎交给植物园繁殖，努力发展花卉栽培品种，在英、美等西方国家乃至世界其他国家推广”[①]。《中国，园林的母亲》一书便是1929年威尔逊在美国出版的，他在此书中记录了在中国旅行、采集和考察植物的事。

中国幅员辽阔，地形复杂，气候多样，蕴藏着十分丰富的植物品种。曾经有人说：“如果山是园林的骨架，水是园林的血液，而树木花卉则是园林的毛发，显示出园林的英俊、生气和秀美。”植物是园林设计中富有生命力的素材，也是必不可少的造景要素。植物在园林中有多种功能，既可用来围合空间，或陪衬山水建筑等园林要素，又可独自构成一幅景观画面。在中国园林中，植物还被赋予了人文品格，以此来代表园林主人的文化背景和个人品格。

① 何勇：《中国“世界园林之母”称号的来历》，载《园林》1999年第1期。

中国古典园林对植物的选择讲究姿美、色美、味香，即追求植物整体的形态美、树木花卉的色彩美、植物气味的清香淡雅；对树木花卉的处理与安设，讲究顺从自然生长之势，如松柏高耸入云，柳枝婀娜多姿，桃花竞相开放，其形与神、意与境都十分重视表现自然。中国园林中植物的种植方法多样，有孤植、丛植、片植、带植等方式，形成大小高低配合、明暗疏密相间的布局之巧；花木配置的方式仿效自然，以不整形、不对称的自然式布置为基本方式，提倡“多变和不对称的均衡”；追求植物与山石、水面、建筑的有机结合，点化主题，互为组景，例如景窗配置以一叶芭蕉、几枝瘦竹营造出绿意满窗；根据植物自然成长所具有的疏密、明暗、大小、花果等生态变化，构建不同的四季景观；充分发挥植物的生态景观特性，将观形、观色、闻香、赏花、品果、观叶集于一体。

二、中国园林与中国古代“天人合一”自然观

漫步于中国园林，山石、水池、花草、树木，你会被满目生机盎然的自然野趣所感染，就连园林建筑都是结合山水，列于上下，点缀成景，宛若自然生成。再走近观赏那山石，中国园林中的山石绝不经由人工雕琢，以其本真的奇特再现自然之美，因石的“丑”“怪”全出于自然，愈丑、愈怪，愈见出自然造化的鬼斧神工，是宇宙精神

的自然体现。深入园林，穿过小巷或长廊，入门或转弯，迎面便又会呈现出另一番惊奇景象，越深入，便越发感慨“多方景胜，咫尺山林”。就仿佛在读故事一般，在时间的行进中，从序曲、发展而达到景色和情致的高潮，这便是中国园林的含蓄之美，亦是对自然运动规律的诠释。

中国园林建造遵循古代“天人合一”的自然观。《老子·第二十五章》中讲“人法地，地法天，天法道，道法自然”，即认为客观世界中，运动是事物发展的永恒规律，万物之间存在着根本的内在关系，自然为万物之本，人与自然是和谐统一的有序体。在这一指导思想下，中国园林建造的首要原则便是“师法自然”，尊重和崇尚自然。中国园林自然美的表现形式是极其丰富的，既不是单一地借用自然，也不是简单地重复或模仿自然，而是通过多种美学艺术去诠释“道法自然”的宇宙哲学观。

中国园林尊重和崇尚自然，从园林布局开始就极其讲究，常以自然山水空间为主，《园冶》一书中总结其为“相地合宜，构园得体”“巧于因借，精在体宜”。自然山水空间的选用，是为借用和突显自然的真实美，更重要的是在大自然的特定时空中以灵活自由的艺术布局更为主动地展现人与自然和谐统一的“天人合一”境界。比如承德避暑山庄内，山林地约占总面积的2/3，其间山岭起伏，沟谷交

错，峰峦并峙，同时配以平坦开阔的平原和开朗迂回的湖泊，天然之趣于无形之中尽情挥洒。承德避暑山庄充分利用了其中得天独厚的自然景观，并结合了复杂多变的地形特点和集居住、观赏于一体的生活需求，将整体划分为宫殿区、湖泊区、平原区和山岭区，使得园林达到了自然美与生活美的融合统一。

承德避暑山庄

中国园林所崇尚和追求的自然美强调在有限的空间内再现自然的无穷意境。正如“一拳则太华千寻，一勺则江湖万里”，这“一拳”“一勺”是园内假山置石、水体，却象征了太华（西岳华山）、江湖。因此，中国园林造园秉持“壶中天地”的原则，通过空间分隔或自由借景等艺术手法建立起完备的景观体系，从而营造出有开有合、曲折多变、以小见大的无穷意境。

所谓“隔则深，敞则浅”，空间分隔，就是利用自然的山、水、花、木或墙、廊、亭、桥等园林建筑将空间隔开，以在有限的空间内创造出富于变化的无限景观。游览中国园林，你会发现园林美景往往不能在入园处即览尽无余，因为园林入口迎门常挡以假山、花木，将最美的景色藏在其后，待你逐渐深入，慢慢欣赏，以营造“欲扬先抑”“山重水复疑无路，柳暗花明又一村”的艺术魅力。交错点缀于自然景观中的园林建筑更是以墙、廊、亭、桥等多种形式被广泛应用于空间分隔的艺术布局中。比如，园林内分隔空间时多筑白粉墙，墙头配以青瓦，墙内侧则用山石、花台、树丛、游廊等把园墙隐蔽起来，以在有限空间内产生无限的景观效果。中国园林的园墙常设洞门或连续开设洞窗，洞门仅有门框而没有门扇，洞窗也不设窗扇，通过它们透视景物，可以形成焦点突出的框景，却又总不能把框中景物看完整，故又在朦胧想象中延伸了空间的深度。又如，园林中用于点缀水景的桥，在实现交通功能的同时，也能深化景观层次，丰富视觉感受。“九曲桥”是中国园林中特有的艺术。行走于“九曲桥”上，你的游览视线会不断变换，从而获得“步移景异”的视觉享受。

这种分隔的手法使得游览如同欣赏诗歌、戏剧一般，有从序曲、发展、高潮到结尾的完整情致感受。以游拙政园为例，游人过东区一道依墙的复廊，穿洞门而入，迎面是一座苍古的黄石假山，要想观览园内景色，只有绕过西边的抄手游廊，才能到达主厅——远香堂。远香堂四面长窗通透，可环览园中景色。由堂前北望，两座土石岛山错落池中，土石相间，浓树参差，石岸间杂植芦苇、菖蒲，很得山林野趣。继而东经圆洞门入枇杷园，园中以轩廊小院数区自成天地，外绕波形云墙和复廊，内植枇杷、海棠、芭蕉、木樨、竹等花木，建筑处理和庭院布置都很雅致精巧。透过云墙上的月洞门正好框出对面假山

拙政园月洞门

上的雪香亭。原路折回，循西廊北上，至半亭“别有洞天”，穿洞门至西区……就这样在时间的行进中，不断收获视觉上的惊喜，也逐渐达到了景色和情致的高潮。在这里，空间分隔所起的作用是至为明显的。

除了运用空间分割这种迂回曲折的造园手法外，造园者还常常运用借景的手法，收无限于有限之中。借景，是中国园林艺术的传统手法，指造园者有意识地把其他分隔空间内的园林景观或园外景观“借”到园林视景范围中来，从而扩大景物的深度和广度。借景通常是设置合适的视景点，在园中平视或仰视景物时，常建轩、榭、亭、台，或通过修剪掉遮挡视线的树木枝叶，或在园亭轩榭中设门框、窗框等，打通赏景视线，纳外景于视线之内；在园中俯视或平视远景效果时，园中常堆山、筑台，建园亭楼阁，提升视景点的高度，使视景线突破园林的界限，让游者放眼远望，以穷千里目。

《园冶》一书对借景艺术有所总结：“园林巧于因借，精在体宜”，“借者园虽别内外，得景则无拘远近”。中国园林运用这一艺术手法的典型范例，如颐和园昆明湖的借景。从颐和园昆明湖东岸西望，近借园内湖山岛堤的美景，远借园外数里秀美的玉泉山和山顶的玉峰塔，乃至更远的西山群峰，园外之景和园内湖山浑然一体，都被收摄作为园景的组成部分。中国园林运用借景手法的实例还有很多，

如：承德避暑山庄东借磬锤峰一带的山峦景色；留园西部“舒啸亭”土山一带，近借西园，远借虎丘山景色；拙政园西区东南隅假山上设“宜两亭”，登亭环望，邻借拙政园中区之景，一亭尽收两家春色；苏州沧浪亭通过复廊把园内的山和园外的水互相引借，使山、水、建筑构成整体。

颐和园湖山一角

要领会中国园林的自然美，还必须了解园林建造过程中叠山理水、种花植树所坚持的自然之理，以及园林建筑作为自然山水的点缀物而突显出来的人与自然和谐的神韵境界。中国园林中的叠石、假山、水体虽由人工建造，但却不露人工痕迹，园林中的山、水、树、石等无不拟仿自然界中万物的本来面貌，分布完全采用树无行次、石无定位、花草野趣横生的自然布局，极力呈现出一幅不假借于人力、自由舒展的自然百态图，力求达到“虽由人作，宛自天开”的境界。即使是园林中的建筑物本身，也是置于山水之间，按照山水的总体走势，高低曲折、参差错落地点缀其间，宛若自然生成，以更突显自然山水的艺术情趣。比如被誉为苏州四大名园之一的拙政园，其中部主景区的总体布局以水池为中心，池水清澈广阔，遍植荷花，池中北部列山岛二座，山岛上林荫匝地，石岸间杂植芦苇、菖蒲，藤萝纷披，与丘岗上的丛莽藤蔓相呼应，富有山林野趣。景区中，亭台楼榭皆临水而建，有的亭榭则直出水中，与山水风景融为一体。“远香堂”为其中的主体建筑，隔池与东西两山岛相望，山岛上各建一亭，西为“雪香云蔚亭”，东为“待霜亭”，四季景色因时而异。

山水画意模式是中国园林风格区别于西方园林风格的最主要差异。中国园林素有“无石不成园”“无水不成园”的传统，作为大自然中的奇妙生命，石和水是中国古典园林中最基本的造园要素。山水相济，水随山转，山因水活。园林中的叠石处，必傍石理水，有水处，常就水点石，石与水的结合营造出中国园林独特的山水自然情

苏州园林——拙政园

趣。同时，石的坚硬、峻拔、厚重，处处体现着“阳”的刚劲；水则无定形，依势顺流，随地赋形，时时体现着“阴”的柔弱。因此，石与水不仅构成园林景观中重要的自然要素，同时又因其自然特性与生命体征透露出中国园林建造所遵循的自然之理，即中国传统文化中阴阳调和的生命宇宙观。“道法自然”哲学观对中国园林最为重要的影响便体现在这一层面，即以自然要素的意象特性，将有限的时空推进到无限的时空感受中去。这其中，园林石因其生命之道与形态特征所

折射出的丰富的象征意义，使得石成为中国古典园林中最富有内涵意蕴的造园要素。石头是自然的鬼斧神工之作，其独特的形、纹、质都是经由时间流逝凝固而成的结果。因此，石既能以其形态象征山岭，缩微空间；又能以其生命之神韵抽象岁月，汇聚时间。置身园林中，凝神赏石，便不仅要赞叹自然造化生命的奇妙，同时也不由得感慨时间的力量，在园林这有限的时空内领悟无限时空中人生、历史、宇宙的奥秘。

这象征着凝缩时空于一体的园林石，被广泛地借用于中国园林中。中国园林妙在利用各种石头的不同质地、色泽、形态，以不同的艺术设计淋漓尽致地诠释自然园林的生命之趣。单一的石头可摆放于园林中点缀自然景观，又可放入盆中作景物。石头群则通过摆放或叠加的设计来象征自然山川或巍峨或险峻的神奇与秀美。如扬州个园的四季假山，为尽其自然之趣，不但在神态、造型上使人联想到四季的变化，还通过各种石头不同的质地、颜色和形态来表现四季的气候更迭和自然特征。冬山选取颜色洁白、俨如雪山、有如玉般沉着的宣石来描绘冬季雪景的美妙，春山、夏山以玲珑剔透、形态优美的太湖石来呈现春夏的清新和明亮，秋山则用石质坚硬、表面十分光滑而呈现醒目黄褐色的黄石来点缀秋的醉意。石头在中国园林中还常常是镌刻诗文、题写碑额的天然载体，在山水自然园林中，以镌刻诗文的碑石

为整个园林景观点题立意，表现园林的艺术意境。《园冶》中说："花环窄路偏宜石。"石头同时也是园林中景观建筑的建造素材和装饰要素。园林中，以乱石砌就的园径更能营造出一种令人脱俗的淡雅意境。

扬州个园夏山

“天人合一”自然观的内涵是极其丰富的。遵照这一根本指导思想，中国园林构建起“虽由人作，宛自天开”的园林艺术体系。要领会中国园林的美，必须首先了解中国园林景观中所体现的无处不在的自然哲学观，而后在这自然“大美”的时空中，去体味其中诗情画意、情景合一的意境。

三、中国园林与中国传统的人文品格

欣赏中国园林，既领略其中的景致，又体味其中的神韵，才可视为圆满。“拜石为丈”“以木为友”，完全把园林自然当作有精神、会思想、可交流的“木石之人”，是人们痴迷于中国园林神韵之美的形象表达。

《园冶》一书中说：“片山有致，寸石生情。”山因为生草木、植万物、集飞鸟、休走兽，供养四方而被视为仁者；石被视为“阳”的象征，其在静态中流贯着灵动，在有限中寓含了无限，在自然质素中糅合了人文情感，是文人士子们在精神的后院与自然晤谈的亲密伙伴。比如，中国园林选石讲究“瘦、漏、皱、透”，便是从形神、风骨、虚实、墨色四个方面给景物以艺术的比拟和象征，增添其意趣和情志。其中“瘦”，即强调园林石既要细削又要棱角分明，从而象征一种不屈不阿的风骨。又如“顽石”，因其坚硬而象征文人在世俗逆

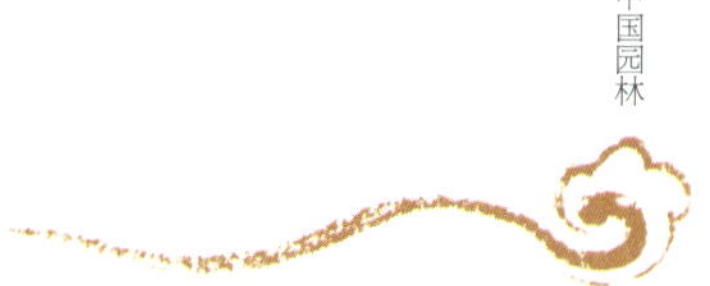

境中坚持自我的品格与追求。

在中国园林中，山石有情，花草树木亦有品格。比如竹之于古代文人的意义，从以下诗篇中便可以体味一二：

可使食无肉，不可居无竹。

无肉令人瘦，无竹令人俗。

人瘦尚可肥，俗士不可医。

旁人笑此言，似高还似痴。

若对此君仍大嚼，世间哪有扬州鹤。

——宋·苏轼《于潜僧绿筠轩》

诗中，苏轼视竹为“雅”的象征，无竹便为俗士（即庸俗没有内涵的人），因此他宁愿没有肉吃，也不能忍受园中无竹。在这里，竹不再单纯指代一种植物，更代表着诗人高贵的气节。可以说，我国古代文人雅士中无人不爱“竹”。竹子不畏严寒、经冬不凋的坚忍，挺拔有节的姿态等特征与文人士大夫所推崇的高尚品德极为相似，故视其为“最有气节的君子”。竹在中国古典园林中堪称最佳道德象征者之一。“未曾出土先有节，纵凌云处也虚心”、“群居不乱独立自峙，振风发屋不为之倾，大旱干物不为之瘁，坚可以配松柏，劲可以凌霜雪，密可以治硝烟，疏可以漏霄月，婵娟可玩，劲挺不回”等著名诗句均是对竹的赞美。唐代诗人白居易不仅创作了大量关于竹子的诗歌，还在自家宅园亲手种下了成片的竹子。扬州个园，以颂竹为主题，因为“个”字像一片竹叶的形状，故取名为“个园”。个园单取一竹命名，更含有园主独立不倚、孤芳自赏之深意。园内不仅有大片竹林，还有竹子制造的“春山”。

扬州个园

中国传统哲学思想认为，人类的社会生活与自然规律有着密切联系，因此在中国传统文化中，借物言志的现象比比皆是。古代文人雅士多以自然界中花草树木为寄寓精神的载体，常依植物不同的自然生态特性而赋予其不同的人格意义，借以表达人的思想、品格和意志。中国古典园林便常常借用植物所承载的人文意义去衬托或深化景观的主题与意境。

正如苍松强劲刚健、修竹挺拔有节、腊梅凌寒而放，它们的姿态、习性让人联想到高尚、纯洁、坚忍等精神品质，因此中国文人将松、竹、梅称作“岁寒三友”，用以比喻高尚的人格，寓意坚贞不屈、高风亮节和延年益寿。松、竹、梅是中国古典园林中常见的传统配置形式。

松柏苍劲挺拔、蟠虬古拙的形态，抗旱耐寒、常绿延年的生物特性，常被人们作为保持本真、坚强不屈、永葆青春的象征。承德避暑山庄的山岳区内最重要的一处山道就是满植松树的“松云峡”。松柏还作为正义神圣的象征，成为中国园林文化精神中永恒的审美意象。如苏州拙政园“得真亭”即来自《荀子》文章：“桃李茜粲于一时，时至而后杀，至于松柏，经隆冬而不凋，蒙霜雪而不变，可谓得其真矣。”这里就是赞美松柏有本性的傲岸品格。“风入寒松声自古”，松风传雅韵，成为松树又一特征。听松风也就成为文人雅士的风雅之举。苏州园林中专为听松风的景点有：拙政园有松风水阁，横额为

“一亭秋月啸松风”；怡园有松籁阁，阁边都植松。想想古人们在自己的园林中“万壑松风酒一壶”，何其潇洒！松柏枝繁叶茂，新枝茁壮，旧枝不凋。新枝被称为“子孙枝”，苏轼有“庭松应长子孙枝”的诗句，因此有“子孙兴旺，绳其祖武”的寓意。网师园女厅前门楼砖雕“竹松承茂”正为此意。

梅属于落叶乔木，深秋后便枝丫嶙峋，瘦影可怜，但天孕花蕾于隆冬寒风之中，率万木之先开花于早春二月。文人在“万花敢向雪中出，一树独先天下春”的诗句中，赞美其傲霜雪而开，与松、竹为友的清高、淡泊之品格。文人把植梅看作陶情励操之举或归田守志之行，因此文人园林的窗户、铺地、雕刻上经常能见到“冰梅”的图案。梅以横、斜、倚、曲、古、雅、苍、疏为美，如苏轼《和秦太虚梅花》极赏“江头千树春欲暗，竹外一枝斜更好”，颇得梅的幽独闲静之趣和欹曲之美，成为网师园“竹外一枝轩”的立意。梅花花姿秀雅，花开五瓣，人称“梅开五福”，取意吉祥，成为园林铺地的吉祥图案之一。另外，梅花之香，浓而不艳，冷而不淡，清幽宜人，在中国古典园林中还有不少建筑以专赏梅而设置，如拙政园中的“雪香云蔚亭”、狮子林中的“双香仙馆”、沧浪亭中的“见心书屋”等，都是以梅花立意。

此外，梅、兰、竹、菊因开花时节占尽春夏秋冬，被中国文人称为“四君子”，分别象征傲、幽、坚、淡的品质。

狮子林“双香仙馆”

兰花被认为最高雅。兰花最令人倾倒之处是“幽”，生长在深山野谷中，以清婉素淡的香气长葆本性之美。这种不以无人而不芳的“幽”，被古代文人视为“人不知而不愠”的君子风格，象征着一种不求仕途通达、只追求胸中志向的坦荡胸襟和疏远污浊政治、保全自己美好人格的品质。兰花不仅被誉为“花中君子”，而且还因花香清冽被尊称为“香祖”。

菊花习性耐寒，晚秋独放芳香。它的美丽就在于晚秋时节，百花

尽凋唯伊独荣，其不畏严霜、不辞寂寞的生态特征被誉为君子品格。菊花又被称为花中“隐士”，寄托文人归隐之意。东晋陶渊明辞官归田后，“采菊东篱下，悠然见南山”，被后世文人称为“隐逸之宗”。诗中的“菊”便象征着陶渊明不为五斗米折腰的傲岸骨气。

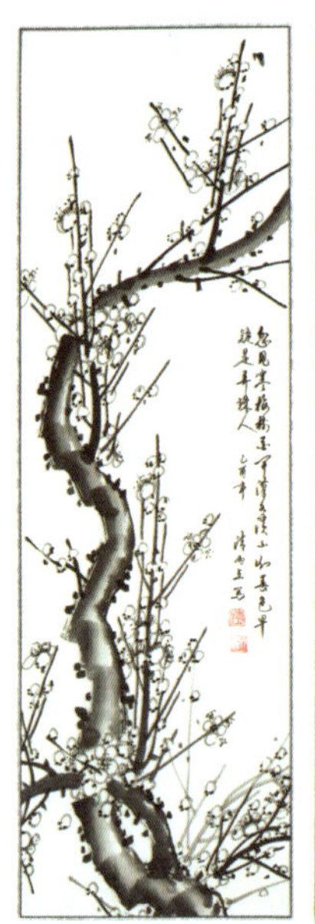
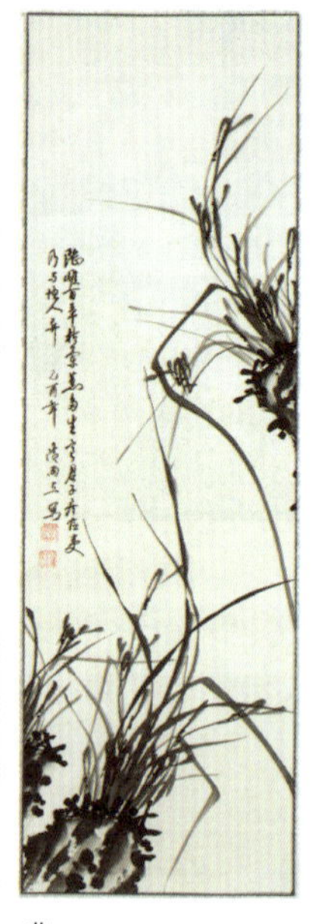

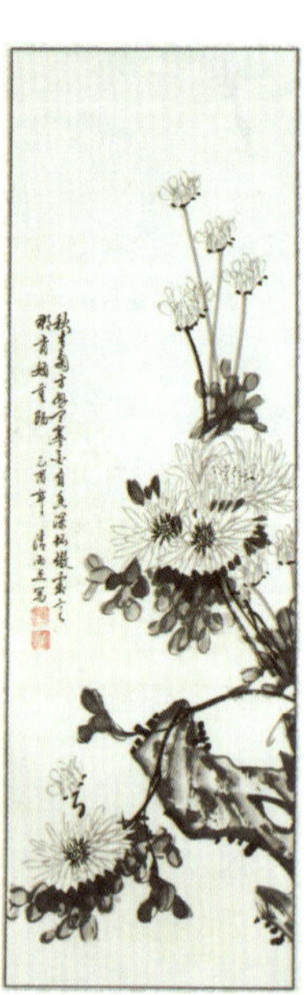

“四君子”——梅、兰、竹、菊

象征文人雅士高尚品格的植物还有很多，如：莲藕虽然脆弱，却能在淤泥中节节生长；荷花出自污泥，长出水面却是纯美芙蓉。莲荷的这种“出淤泥而不染”的生态特征蕴涵了深刻的人生哲理，用来比拟在污浊的社会环境中人们应该具备的高尚品德与情操，也成为文人雅士自比清洁高雅、洁身自好的象征。圆明园有一处“濂溪乐处”景点，水池中遍植荷花，乾隆皇帝特题名曰“前后左右皆君子”。苏州拙政园更是充分发挥了莲、荷在物质形象与人文符号方面的双重作用，主要厅堂前的水池中种满莲荷，因莲荷有“香远益清”的特点而将厅堂取名为“远香堂”，园西部的莲荷池畔还建有一亭，取名“留听阁”，源自李商隐“留得残荷听雨声”的诗句，夏去秋来时可静坐亭中细听雨打残荷。

拙政园荷风四面亭

无论是构建自然美还是神韵美，山石、植物都是中国园林景观中不可或缺的要素，它们所承载的人文品格是中国园林神韵不可分割的一部分。因此，要体味中国园林的神韵，一要品山石、植物之品格，二要意会整个园林之意境，领略中国园林诗情画意之美。

四、中国园林与中国的诗词和绘画

走进中国园林，尤其是文人私家园林，你会发现匾额、楹联、题咏、石刻、雕梁画栋无处不在。如果你驻足细品楹联上的字中之意，会发现诗中看似写景，实则借景抒情，情与景融于诗中，为园林增添了无限的情愫与意境；当你置身于园林之中，如果细心观察每一个角落，你会发现无论站在哪个位置，眼前总是一幅完美的图画，开窗如果正对着白色的墙壁，就必有几竿竹子、几枝芭蕉点缀其间，或是叠以山石，错落有致。正所谓“远近高低皆为景，山石水木皆有情”。画中寓诗情，园林参画意，诗情画意就成了构园的重要原则。品味中国园林中的诗情画意之美，才能真正领略中国园林艺术之精华。

“师法自然而又高于自然”是中国古典园林的特色。中国园林建造遵循自然和谐、天人合一的自然观，同时又追求诗情画意、情景合一的意境。因此，中国造园讲究生境、画境、意境三种境界。

所谓“生境”，便是自然美与生活美相结合的境界，既符合自然

界山水生成的客观规律，又使园林“可望、可行、可游、可居”。在建园过程中，首先是仿造大自然置山石水木，使之“有自然之理，得自然之趣，虽种引泉，亦不伤穿凿”，达到“虽由人作，宛自天开”的“自然美”境界；同时，园主在山石水木等自然布局之中建亭台楼阁，构造若干个能挡风雨、避寒暑、防虫蛇的建筑物，形成一个具有浓厚生活气息的“生活美”境界。

所谓“画境”，在绘画上为“构图”，在造园中则为“布局”。中国园林虽取材于自然山水，但并不是机械地模仿具体的一草一木、一山一水，而是将山水石木巧妙布局，以达到移步异景的境界，正如南宋诗人陆游在《游山西村》中所描述的情境“山重水复疑无路，柳暗花明又一村”。

中国绘画着重于写意，这一特性对古典园林意境的表达和创设有着深远的影响。“造园必先取意”便是基于这一原则，也就是说建园构思要先有立意，而不是花草、树木、山石等的随意堆砌。如扬州个园，取“宁可食无肉，不可居无竹”的诗句，而竹叶的形状似“个”字，故曰“个园”，园入口处植竹，也表达了园主的清高脱俗。在园林中，“个园”借用不同的假山来表达春、夏、秋、冬四季的主题：春山设在入口处，以粉墙为纸，前列若干石笋竿竹作绘，象征春笋破土；夏山在西北角，以湖石塑成白云飞卷，泉洞霏霏，配以荫林、凉

亭、折桥、荷池，具有夏的意境；秋山在东边，倚立于亭之一侧，黄石假山呈暗赭色，寓意万物萧瑟；冬山在东南角，采用雪石堆叠的雪狮图如隆冬白雪，石质洁白如雪，似有惨淡入睡之意。四组假山各取其义，共同表达“春山艳冶而如笑，夏山苍翠而如滴，秋山明净而如妆，冬山惨淡而如睡”的意境。

中国绘画对于意境的追求还体现在园林布局中，即在有限的空间中，通过有限景物创造出无限的意境，即所谓“小中见大，咫尺山林”。沈复在《浮生六记》中说：“若夫园亭楼阁，垒石成山，栽花取势，又在大中见小，虚中有实，或藏或露，或浅或深，不仅在周回曲折四字，又在地广石多，徒烦工费。”他提出造园必先有个总体布局，如果布局搞得好，可以小中见大，搞不好，地广石多，徒烦工费，也不可能取得好的效果。“园林水石最不可无，要须回环峭拔，安插得宜”，安插亦是布局，也提出了布局的重要性。苏州园林便是代表之作，世界遗产委员会也如此评价：“没有哪些园林比历史名城苏州的四大园林更能体现出中国古典园林设计的理想品质。咫尺之内再造乾坤，苏州园林被公认是实现这一设计思想的典范。”苏州园林的布局多采用分隔之法，每处景观空间小而园林要素完整，游览于其中，只觉园深景多，变化无穷。

绘画中的布局之道体现在园林中，首先是叠山、理水两个方面，即山水布局。“山要回抱，水要萦回”的山水布局是完全符合画论的。中国园林的水池以合乎自然为美，池岸多为自然曲折形状，岸边砌以不规整的块石，有的还种植芦荻，讲求自然情趣，数亩以上的水面，一般都有一片集中的水域，以表现镜湖烟波气象。水面不大则以乱石为岸，并配植细竹野藤、朱鱼翠藻，虽是一泓池水，却能给人汪洋无尽的印象。而叠山也并不在规模上强求相似，而是遵循概括、提炼的原则，借助造石的技法表现峰峦、绝壁、山涧等山峦形态，力求表现自然山峦的神态和意蕴。有一种做法是以土为冈，着重表现自然山峦中的局部景色，游人虽看不到完整的山峦，但能在想象中体会到群峰蔽日、层峦叠嶂的宏伟景象。这种叠山余韵悠悠，极大地拓宽了山石的表现力。

绘画的原理体现在园林建筑上便是建筑随着地形变化而高低曲折，参差错落，有斜有正，所谓“室之有高下，犹山之有曲折，水之有波澜；故水无波澜而不致清，山无曲折而不致灵，室无高下而不致情”。中国园林中的建筑讲究“楼台入画”的境界，按山水风骨而设，以达到建筑四面可赏景。在设计时，每个赏景建筑都要在其四周造景。园中的亭，做到四方、六角、八方对景；其楼、堂、斋、馆也都尽量做到四面赏景。如果位置居于墙边，也要在墙与建筑之间留出一条采光天井，布置竹石小景，以增生趣。中国园林中建筑与山水风景之间的融合还体现在框景艺术中，即造园者经常运用门框、窗框、

洞框等分隔的手法加深景观层次。园主造园时，把园墙或亭台楼阁的门框、窗框作为画框看，把框外面的真实山水风景或是竹石小景纳入画框，当作挂在墙上的一幅画。框景艺术是苏州古典园林构建的重要表现手法之一。如果是在苏州园林中游赏，细心的游客一定会发现，即便是一个角落，也都能感受到图画美，因为无论是门框、窗框还是墙门的另一侧，必定有完整的一幅画面，或是绿竹松柏，或是奇山怪石，或是另一处园林。

从生境、画境中“触景生情”，吟诗作赋，产生意境，这便是中国造园的最高境界。所谓“造园如作诗文，必使曲折有法，前后呼应，最忌堆砌，最忌错杂，方称佳构”①。

意境之美是中国园林艺术独有的境界。中国园林的意境取意于中国古典诗词，表达于书画雕刻，即往往通过题咏、匾额、楹联、石刻或铭记反映出来。其中题咏和楹联的作用尤为突出，能用极少的笔墨，提挈景观，发人遐想，提升游赏情趣。如苏州拙政园西部的扇面亭，原是普通临水小亭，亭内题额为“与谁同坐，明月清风我”②，使人联想到月夜中，这里清风徐来，上下明月、水天相映的情景，一

① 钱泳撰，张伟校点：《履园丛话》，北京：中华书局1979年版，第545页。

② 苏轼：《点绛唇·杭州》。

苏州园林——留园“又一村”拱门

种清冷幽寂之感油然而生；中部的雪香云蔚亭以“蝉噪林愈静，鸟鸣山更幽”作为楹联，也能引起对深山幽谷的联想。昆明滇池畔的大观楼，有乾隆间孙髯所撰180字的长联，把滇池周围胜景和数千年往事都包罗在内，能使人产生“长联犹在壁，巨笔信如椽。我亦披襟久，雄心溢两间”[1] 的意兴。又如承德避暑山庄西南山区鹭云寺“静含太古山房”，意含“山仍太古留，心在羲皇上”。所谓“静含太古”即是要学习三代以前的有道明君，突出了其意境。

楹联题咏是中国古典园林诗词的精粹，它通过语言艺术的表意功能唤起游人的形象思维，去自由地联想和体验园林意境的无限空间，达到“触景生情”、“情景交融”。刘天华曾比喻说，楹联题咏与石刻犹如西方的“标题音乐”，这种诗和自然风景的结合是中国造园艺术家独创的具有中华民族特色的“标题风景”。苏州园林中对楹联题咏的运用就是典范之作。如苏州拙政园中一亭一榭一轩都点出了诗情画意，其中沧浪亭主体空间是一座土石相间的假山，山坡古木参天，蓊蓊郁郁。山林之中，仅点亭一座，石柱飞檐，额题“沧浪亭”，柱刻楹联“清风明月本无价，近水远山皆有情”，点出山林的生机与活力，寥寥诗句尽显园林之景境、文人之心境、诗词之情境；拙政园中部景区的“荷风四面亭”，额悬“荷风四面”，亭柱有对联：“四壁荷花三面柳，半潭秋水一房山。”独坐亭中，观赏田田荷叶、依依垂柳，清风徐来，荷香沁人，真是“柳浪接双桥，荷风来四面”。苏州留园的“闻木樨香轩”位于黄石假山之上，山上桂树丛生，八月中秋，月桂盛开，香飘四方，

① 郭沫若：《登楼即事》。

故取名“闻木樨香轩”，上书对联“奇石尽含千古秀，桂花香动万山秋”，点明此处怪岩奇石、岩桂飘香的迷人景象。园主多借题咏、楹联点景抒情，从而营造出园林的深远意境。

中国诗词对古典园林的影响不只在于抒发园林中的诗情画意，诸多著名的山水田园诗中所描述的情境也成为古典园林建园的范本。唐代的田园诗很多，如孟浩然、王维、储光羲等都有许多佳作，田园村舍成为造园者们追求的境界，造园者有意借远近的田园景色，或将茅屋建于山林之间，或在园中设田畴农舍，展示耕耘稼穑于园林景观之中。明代造园家计成在他的名著《园冶》中专列“村庄地”一节，论述在村庄造园的意境构想——“团团篱落，处处桑麻。凿水为像，挑堤种柳。门楼知稼，廊虎连芸。约十亩之基，须开池者三。围墙编棘，窦留山犬迎人，曲径绕篱，苔破家童扫叶。秋老蜂房未割，西成鹤家先支。安闲莫管稻粱谋，沽酒不辞风雪路。”这一构想中一派田园风光，宛然如画。清代帝苑，对此也颇留意吸取，如圆明园北侧的“北远山村”，稻田遍布，有村落矮屋、竹篱茅舍，呈现出浓郁的田园景色。此外，景点“鱼跃莺飞”周围河道两岸村舍鳞次；“映水兰香”前有水田成片，夏秋之交，凉风乍来，稻香徐引，成为园中一景；“二杏花春馆”，则是“矮屋疏篱，环植文杏，前辟小圃，杂莳蔬筋”。这些景点都分布在圆明园的西北隅，形成一片以水乡村景为特色的景区。

第二章

中西合璧：领略园林艺术中的文化交融

如果你仔细读过雨果先生的《就英法联军远征中国致巴特勒上尉的信》，你会惊奇地发现圆明园中不仅拥有一片片自然生动之水，还拥有典型的西式园林水法——喷泉。中西园林艺术并用，这便是圆明园的精妙之处。圆明园浓缩了古今中外建筑艺术的精髓，它“将古今、南北、中西建筑之类和谐地集于一身”；它不仅融合了中国皇家园林、山水园林、士人园林、寺庙园林的全部艺术风格，更创造性地吸收西方园林艺术特色，成功仿建了一座西式园林——“西洋花园”，花园中有西方的

圆明园建筑遗迹

“大水法”、中国传统文化中的十二生肖青铜雕像，有罗马式立柱、“巴洛克”式拱门、“勒诺特”式植物造型、五彩斑斓的琉璃瓦。这座中西合璧的花园可以和欧洲任何一座皇家园林相媲美。可以说，圆明园是中西园林艺术融合中绝无仅有的典范，它被誉为“一切造园艺术的典范”、“万园之园”、“东方凡尔赛宫”。

圆明园始建于康熙四十年（1701），是清朝帝王在150余年间创建和经营的一座大型皇家宫苑，由圆明园、长春园、绮春园三园组成，拥有100多组景观、将近1000座宫殿，占地5000多亩。它的设计既蕴涵了中国传统文化积淀了几千年的审美情趣，又融合了西方园林艺术的精华与特色。

圆明园的前身是康熙赐给第四个儿子胤祯的居住花园，并亲题园额“圆明园”。胤祯（雍正皇帝）继位后，宣告圆明园正式成为帝国的新离宫，不仅是清朝皇帝休憩游览的地方，也是朝会大臣、接见外国使节、处理日常政务的场所。1723~1725年，雍正皇帝下令对圆明园进行大规模扩建，雍正皇帝本人就是扩建工作的总设计师，现藏于法国国家图书馆的绘画是当年圆明园的真实写照。扩建后的圆明园山起西北，水流东南，与中国的地势完全契合，所建造的将近200座宫殿，几乎囊括了中国所有的建筑风格。乾隆帝即位后，又下令扩建圆明园，并在圆明园内增添了新的园林景观和建筑组群。扩建持续了九年的时间，在圆明园东邻和东南邻分别兴建了长春园和绮春园（同治帝时改名“万春园”），这三座园林统称为“圆明三园”。三座主体园林共有一百多处园林风景群，一个景就是一座“园中园”或一个园林建筑群。在当时的欧洲，特别是英国和法国，皇室和贵族以拥有中国的东西而自豪，“中国式”成了时尚的标志。

一、“如意馆”皇家画师与圆明园

谈到圆明园的建造，就不得不提圆明园的设计者——皇家画师。在清朝宫廷中，有一个机构叫做“如意馆”，也就是通常我们所说的皇家画院。“如意馆”集中了全国最优秀的一批画家，他们负责整个圆明园的规划和设计。

圆明园的设计思路一方面是模仿中国南方迷人的自然风景；另一方面是再现中国诗歌与绘画中的意境。作为最高统治者，清朝皇帝的理想是将现实和想象中所有的美丽和幽雅都汇聚在他的离宫中。画师们根据皇帝所追求的南方园林的山水之美和神话仙境中的一切想象，设计出了现实中几乎不能实现的园林图纸，而宫廷中的御用建筑世家真正建造出了目前看来根本不可能实现的奇迹。

就三园之一的“圆明园”一个景区的景观而言，便足以想象这座旷世园林的包罗万象之美。如北岸的“上下天光”，颇有登岳阳楼一览洞庭湖之胜概，“垂虹驾湖，蜿蜒百尺，修栏夹翼，中为广亭。纹倒影，滉漾楣槛间，凌空俯瞰，一碧万顷”。西岸的“坦坦荡荡”，是效仿杭州西湖一处著名的自然风景——玉泉观鱼，俗称“金鱼池”，“凿池为鱼乐国，池周舍下，锦鳞数千头”。“杏花春馆”的设计则来自于唐朝诗人杜牧的那首家喻户晓的诗歌《清明》中表达的那种淳朴的田园情趣。“夹镜鸣琴”取自于大诗人李白“两水夹明镜”的诗句；“武陵春色”契合的是东晋陶渊明的“世外桃源”；福海之中的“蓬莱瑶台”，则取材于神话中的蓬莱仙岛……

当时建造圆明园的设计图纸已经消失，现在我们只能通过珍藏于法国国家图书馆中的《圆明园四十景图》来一睹圆明园昔日的华贵与辉煌。据记载，《圆明园四十景图》是根据乾隆皇帝的旨意，于乾隆九年（1744）前后，由宫廷画师唐岱、沈源、冷枚等历时11年将园内独成格局的40处景群绘制而成的40幅分景图。画成之后，乾隆皇帝为每幅画御笔题诗，由工部尚书汪由敦抄写成《四十景对题诗》，共计40对幅。全图分为上下两册。这套四十景彩绘图从乾隆初年始画，乾隆十一年才最终裱成，十二年奉旨正式安设于圆明园奉三无私殿呈览，人称“殿本彩图”。这套《四十景图》彩绘本，后来不幸蒙尘。1860年圆明园遇难时，这套彩绘本被侵略者掠走，献给了法国皇帝拿破仑三世。

圆明园十景图（局部）

二、欧洲传教士与“西洋花园”

18世纪，欧洲各国的耶稣会传教士大批进入中国，一些“身怀绝技”的传教士为了取得最高统治者的信任和支持，到达北京拜见清朝皇帝，并在宫廷中长期供职。他们把在宫廷中的经历写成书信寄回欧洲，被保存到现在的书信成为侧面了解清朝宫廷的重要资料。在那些

目睹了圆明园盛世奇观的传教士的书信中，我们也看到了很多直观的描述。

在清朝，有一位来自意大利的宫廷画师郎世宁，在宫廷中整整工作了50年，历经康熙、雍正、乾隆三位皇帝。1715年，28岁的郎世宁到达北京，见到康熙皇帝，以其绘画技巧任职于“如意馆”，担任待诏画师。郎世宁将西方绘画技法带入了清朝宫廷，同时为了得到皇帝的赏识，他还学习中国绘画技法与文化。他的画作融合了中西绘画艺术，深受康熙、雍正、乾隆三位皇帝的喜爱。他以绝无仅有的机会见证了一个帝国的辉煌，目睹了一座旷世园林的诞生，也担任了“西洋花园”的总设计师。电影《圆明园》即是结合郎世宁寄往欧洲的书信，从他的视角讲述了那段历史与圆明园的诞生。

18世纪中期，在西方沉迷于中国园林的同时，一些来往于大清宫廷的欧洲人也给中国的皇帝传递着来自西方的信息。有人告诉乾隆，法国凡尔赛宫的水法名声显赫。在乾隆看来，大清是天朝大国，无所不有，无所不能，理应拥有媲美于凡尔赛宫的水法。于是，乾隆命令在圆明园东边一块狭长的地带（东西长800米，南北宽70米），模仿法国凡尔赛宫的水法建造一座豪华的“西洋花园”。

通过皇家密档和传教士书信记载，意大利人郎世宁是整个“西洋花园”工程的设计师和总负责人；法国人王致诚是郎世宁的助手，

1738年36岁的他来到中国，任大清“如意馆”画师；另一个法国人蒋友仁对机械非常有研究，主要负责水法（即喷泉）的设计和建造。蒋友仁于1744年29岁时来到中国。

“西洋花园”的建造始于1743年，结束于1760年，工程持续了整整17年时间。据郎世宁书信中所记载，“在教会的支持下，从欧洲得到大量的建筑资料，清帝国还在南方的广州设立了专门机构，从欧洲采购玻璃等建筑材料。但是，最让人头疼的是，皇帝对这个工程充满了热情，他在很多细节上都有自己的主张，花园和喷泉的设计草图经常一改再改”。根据欧洲人的习惯，郎世宁设计了大量的人体喷泉，但在乾隆看来，这些东西不能完全照搬，当时的中国，女人暴露肌肤是不符合道德规范的，他无法想象裸体的西洋女人安放在离宫中是什么样子，建议用动物来代替。中国有十二生肖的说法，一种动物代表一年，每十二年一个轮回。由此，融合了中国传统文化与西洋水法的十二生肖青铜雕像喷泉在“西洋花园”的中央落成，生肖铜像身躯为石雕穿着袍服的造型，头部为写实风格造型，铸工精细，兽首上的褶皱和绒毛等细微之处都清晰逼真，是展示中西文化融合的艺术珍品。另外，“西洋花园”的建筑形式是欧洲文艺复兴后期的“巴洛克”风格，造园形式为凡尔赛宫式的“勒诺特”风格，但在造园和建筑装饰方面也吸取了中国不少传统手法，建筑材料多用汉白玉石，石面精雕

细刻，屋顶覆琉璃瓦。

“西洋花园”由谐奇趣、线法桥、万花阵、养雀笼、方外观、海晏堂、远瀛观、大水法、观水法、线法山和线法墙等十余个建筑和庭园组成，其主体是谐奇趣、海晏堂和大水法三组大型喷泉群。

海晏堂位于“西洋花园”的中央，是三组喷泉群中规模最大的。一天24小时，12只青铜铸造的生肖动物每隔两小时依次轮流喷水；中午12点钟，12只动物一齐喷水。史书记载，所有的喷泉同时打开的时候，洪水般的声音，几里之外都可以听到。

东部的一组喷泉叫“大水法”，在大水法前面，安放着皇帝观看水法的宝座。宝座专门为乾隆而作，式样完全仿照法国“太阳王”路易十四曾经的座椅。

西边的一组建筑叫“谐奇趣”，它的北面是一个砖墙搭建的迷宫。迷宫是乾隆和他的妃子以及宫女们玩游戏的地方。游戏通常在黄昏开始，宫女们挑着荷花灯，在围墙中东奔西走，谁能最先跑到迷宫中心的亭子，将得到皇帝的奖赏。流动的花灯、欢声和笑语，圆明园宛若梦幻。

郎世宁是意大利人，极具艺术才华，充满了想象力。他创造性地利用了意大利歌剧的舞台布景方式，在圆明园真实的土地上完成了一次露天的永久性置景。10幅大型油画根据透视原理，分两列镶嵌在五

排砖墙上，油画的主题和内容完全模仿草原风光。海市蜃楼般的雪山、奇幻的清真寺、地平线上的羊群和白云……郎世宁将帝国西部的景观移植到了圆明园。

据郎世宁记载，工程还未结束，皇帝就将其中的一座宫殿——“方外观”赐给了他的一个维吾尔族妃子。这个妃子来自中国西部，信奉伊斯兰教，这个宫殿就成了她的祈祷场所。史书记载，她是乾隆曾经最宠爱的妃子，为了让妃子打消思乡之情，郎世宁根据皇帝旨意在花园的东边重建了她的故乡。

在“西洋花园”建成之后，乾隆皇帝因功授予郎世宁三品官衔。1766年，郎世宁卒于北京，享年78岁。鉴于其对大清皇室长达50年忠心的奉献，乾隆御赐400两纹银供葬礼之用，葬礼十分隆重。

圆明园西洋楼景区整个占地面积不超过“圆明三园”总占地面积的1/50，只是一个很小的局部而已。但它却是成片仿建欧式园林的一次成功尝试。这在东西方园林交流史上占有重要地位，曾在欧洲引起强烈反响。一位目睹过它的西欧传教士赞誉西洋楼：集美景佳趣于一处，凡人们所能幻想到的、宏伟而奇特的喷泉应有尽有，其中最大者，可以与凡尔赛宫及圣克劳教堂的喷泉并驾齐驱。这位传教士的结论是：圆明园者，中国之凡尔赛宫。

第三章 走进中国园林

中国园林，风格南北有别，规模大小有异。如果从空中俯瞰，大规模者布局严格有序，主次分明；小规模者宛如沙粒，仿佛容纳不下什么景观。但如果置身于大园之中，你会惊奇地发现宏大之中有细腻，山石水木呈自然之态，婀娜多姿，宛然如画，建筑楼阁依山水而建，千变万化宛然入画；如果近观小园，假山与建筑相对，花窗与院墙相隔，景小而多，随意曲折一下，便左顾右盼皆有景，信步之间顿觉距程延长，景致加深。欣赏中国园林，便要依园林性质与园林大小之分而有动观与静观之别。

中国造园发端于公元前11世纪的奴隶社会后期，成熟于唐宋，在清朝达到鼎盛。中国造园深受中国传统文化与封建制度的影响，历经三千多年的锤炼而形成完整的园林体系，并在世界园林史上独树一帜，被学界公认为风景式园林的渊源。孕育并成形于阶级制度文化中的中国园林，随园主身份而具有社会属性之别，加之中国幅员辽阔，自然风景地域有别，这一自然地理特征又造就了中国园林丰富多彩的地域特色。

中国园林在漫长的历史发展中，经过造园家们反复的艺术实践，留下了众多的园林类型。现在我们就以园林的社会属性之别为线索，走进中国园林，体味园林之中所包含的博大精深的中华文化。按照归属来分，中国园林主要分为皇家园林、私家园林、寺观园林三种；在私家园林之中，又南北有别，形成了北方园林、江南园林、岭南园林、海派园林。

一、皇家园林

皇家园林又名“苑囿”、“宫苑”，为皇家所建，是供帝王居住、观赏和娱乐的园林。皇家园林占地面积广，规模宏大，气势壮观，体现了“溥天之下，莫非王土”的皇权思想；园林空间布局复杂、严整，分区严格有序，在统一中求变化，园中设园，构成庞大的综合性园林体系；建筑形式多样，宏伟高大，庄重华贵，功能齐全，富丽堂皇，建筑物色彩以红、黄为主，富丽、浓重。现存的皇家园林多分布在北方，有颐和园、承德避暑山庄、北海公园等。

（一）历代皇家园林的典范之作——北京颐和园

北京颐和园，始建于1750年，1860年在战火中遭到严重毁损，1886年在原址上重新进行了修缮。其亭台、长廊、殿堂、庙宇和桥梁等人工景观与天然的山峦和开阔的湖面相互和谐、艺术地融为一体，堪称中国风景园林设计中的杰作。

——世界遗产委员会评语

颐和园（由昆明湖和万寿山构成，湖光山色相映生辉）

颐和园（Summer Palace），位于北京城西北郊，原是清代皇家花园和行宫，距离天安门20千米。颐和园因地制宜，布局讲究，山中有山，湖中有湖，山湖竞秀，殿阁峥嵘。整个景区规模宏大，是集中国园林建筑艺术之大成的杰作，也是世界上最著名的古典园林之一。

颐和园主要由万寿山和昆明湖组成，占地面积达290.8公顷，昆明湖面积约占3/4，约220公顷。园内建筑以佛香阁为中心，共有亭、台、楼、阁、廊、榭等不同形式的建筑3000多间，大致可分为行政、

生活、游览三个部分：以仁寿殿为中心的政治活动区，以乐寿堂、玉澜堂和宜芸馆为主体的帝后生活区，以万寿山和昆明湖组成的风景游览区。

颐和园文化价值巨大，是北京清朝皇家园林——“三山五园”中唯一完整独存的一处。它集中了中国古典建筑的精华，容纳了不同地

颐和园仁寿殿
（仁寿殿，曾名勤政殿，是皇帝处理政务的地方。殿中平床上设宝座、屏风、掌扇、鼎炉、鹤灯等）

区的园林风格：东部的宫殿区和内廷区，是典型的北方四合院风格，一个一个的封闭院落由游廊联通；南部的湖泊区是典型杭州西湖风格，一道“苏堤”把湖泊一分为二，十足的江南格调；万寿山的北面，是典型的西藏庙宇风格，有白塔，有碉堡式建筑；北部的苏州街，店铺林立，水道纵通，又是典型的水乡风格。颐和园堪称园林建筑博物馆。

颐和园乐寿堂前青铜雕塑
（乐寿堂是慈禧太后的寝宫，庭院内陈列着铜鹿、铜鹤和铜花瓶，取意为“六合太平”）

颐和园长廊

（长廊全长728米，共273间，是我国古建筑和园林中最长的廊。长廊还是一条五光十色的画廊，廊间的每根枋梁上都绘有彩画，共14000余幅。长廊的彩画题材广泛）

清晏舫

（清晏舫，原称“石舫”，坐落在昆明湖西北部水中，是著名的水上建筑。建于清乾隆二十年，舫上舱楼原为古建筑形式，但在英法联军入侵时被焚毁。光绪十九年，按慈禧意图，将原来的中式舱楼改建成西式舱楼，并取河清海晏之义，取名“清晏舫”）

四大部洲

（四大部洲是一组藏式建筑庙宇。建于清乾隆年间，系仿西藏桑鸢寺形式而筑，融合了汉藏两地的建筑特点。四大部洲的建筑平面分别为正方、三角、圆、半圆形，以对应地、火、水、风）

（二）现存最大的皇家园林——承德避暑山庄

承德避暑山庄，是清王朝的夏季行宫，位于河北省境内，修建于公元1703年到1792年。它是由众多的宫殿以及其他处理政务、举行仪式的建筑构成的一个庞大的建筑群。建筑风格各异的庙宇和皇家园林同周围的

湖泊、牧场和森林巧妙地融为一体。避暑山庄不仅具有极高的美学研究价值，而且还保留着中国封建社会发展末期的罕见的历史遗迹。

——世界遗产委员会评语

承德避暑山庄（The Mountain Resort and its Outlying Temples, Chengde），又名“承德离宫”或“热河行宫”，位于河北省承德市中心北部，距离北京230千米，是清代皇帝夏天避暑和处理政务的场所。它始建于1703年，历经清朝三代皇帝——康熙、雍正、乾隆，耗

承德避暑山庄远景

时近90年。与北京紫禁城相比，避暑山庄以朴素淡雅的山村野趣为格调，取自然山水之本色，吸收江南塞北之风光，成为中国现存占地最大的古代帝王宫苑。

避暑山庄不同于其他的皇家园林，融南北造园艺术的精华于一身，它继承和发展了中国古典园林“以人为之美入自然，符合自然而又超越自然”的传统造园思想。

承德避暑山庄烟雨楼
（烟雨楼是乾隆十五年仿浙江嘉兴南湖之烟雨楼而建的，位于承德避暑山庄如意洲之北的青莲岛上。上层中间悬有乾隆御书“烟雨楼”匾额）

承德避暑山庄沧浪屿
（承德避暑山庄沧浪屿是康熙帝读书的地方，康熙帝亲自命名为“沧浪屿”。有房屋三间，因当年阶侧有一株双干 古松，故室名“双松书屋”。双松书屋北面是一座敞厅，悬有“沧浪屿”匾一面，楹联为“松生青石上，泉落白云间”）

按照地形、地貌特征进行选址和总体设计，完全借助于自然地势，因山就水，顺其自然。它享有“中国地理形貌之缩影”和“中国古典园林之最高范例”的盛誉。

这座规模宏大的园林拥有殿、堂、楼、馆、亭、榭、阁、轩、斋、寺等建筑100余处。它的最大特色是山中有园、园中有山。山庄的建筑布局大体可分为宫殿区和苑景区两部分。苑景区又可分成湖区、平原区和山区三部分。

承德避暑山庄如意湖

承德避暑山庄金山亭

（金山亭位于如意洲以东，隔澄湖相对。由山石堆砌，三面临湖，一面溪涧，峻崖峭壁，造型雄伟，湖水环抱，如紫金浮玉。金山，本在江苏镇江的江心。康熙皇帝南巡时，多次登金山游览，醉心于江流天际的壮丽景色，回京后便在澄湖东部修筑了金山岛）

承德避暑山庄水流云在

（水流云在是澄湖北岸最西一亭，为四面凸出、中呈方形的亭子。这里湖水连空，水流云静，取杜甫诗“水流心不竞，云在意俱迟”的意境而命名）

承德避暑山庄万树园

（万树园位于平原区东北部。北倚山麓，南临澄湖，占地870亩。园中石碣上刻有“万树园”，为乾隆所书。万树园里绿茵如毯，麋鹿成群，山鸡、野兔出没，苍松、巨柏、古榆、老柳散置其间）

避暑山庄周围12座建筑风格各异的寺庙，是当时清政府为了团结蒙古、新疆、西藏等地区的少数民族，利用宗教作为笼络手段而修建的。其中的8座由清政府直接管理，故被称为“外八庙”。庙宇按照建筑风格分为藏式寺庙、汉式寺庙和汉藏结合式寺庙三种。这些寺庙融和了汉、藏等民族建筑艺术的精华，气势宏伟，极具皇家风范。这里简单介绍几座现存的寺庙。

承德小布达拉宫，正式的名字是普陀宗乘之庙，是避暑山庄外八庙中最大的一座，仿照布达拉宫而建，因此被称为“小布达拉宫”。

承德小布达拉宫

普宁寺是中国北方最大的佛事活动场所，僧侣云集，香火旺盛，通高27.21米，被载入世界吉尼斯大全的金漆木雕千手千眼观世音菩萨，其文物价值和艺术价值堪称世界之最。

普宁寺

普乐寺俗称“圆亭子”，位于山庄东北的平岗上，建于乾隆三十一年（1766），是为安置归顺的哈萨克、布鲁特族而建的。全寺建筑为汉藏结合式，前半部承袭迦蓝七堂，后半部融进藏式风格。

普宁寺千手观音

普乐寺

二、私家园林

私家园林主要是指王公贵族、官吏富商、文人学士在府宅附近辟地建造供自家居住和享用的园林。私家园林规模小，但布局灵活，营造精巧，讲究细部处理和内部陈设，着意于刻画园林景物的典型性格以及局部的艺术处理，并且园林之中渗透诗文、绘画艺术，意境淡雅，诗情画意浓厚。私家园林主人多为文人、士大夫，其生活态度自由，将腹中万卷图书、一腔诗情画意浓缩为衣食住行，其所建园林多以“一勺代水，一拳代山”的写意山水为主体，将大自然的山水风景提炼为诗情画意的境界，营造出“小中见大”和空灵玄远的精神空间。在色彩上，私家园林色彩淡雅，小青瓦屋顶，白粉墙，与青山、秀水、绿树十分协调，营造出园林主人追求宁静的心态。

现存的私家园林以江南地区为多，其中又以苏州、扬州、无锡最为集中。江南山清水秀，河道密布，湖塘众多，草木繁茂，为园林建造提供了条件。自东晋、南北朝之后，文人隐士多聚集于此，故文人园林最为著名。江南园林，玲珑纤巧，清雅淡泊，轻盈秀丽，富有真山真水之情趣，可概括为“南方之秀”，故有“江南园林甲天下”之说。江南园林尤以苏州为盛，有“苏州园林甲江南”之说，苏州园林的特色就是“妙在小，精在景，贵在变，长在情”，园中处处有画境、诗意。现存著名的江南园林有苏州园林中的四大名园——拙政园、留园、沧浪亭、狮子林，有扬州的个园、何园，还有无锡寄畅园。

中国私家园林中还有三个派别是不得不提的：一为轻盈自在、中西兼容的岭南“庭院式”私家园林；二为近代上海因中西文化融合而形成的海派园林；三为吸纳中国南北园林风格的综合型园林——山东园林。

（一）岭南园林

岭南私家园林以规模小巧的“庭院式”为特色，主要包括广东的四大名园、广西的雁园、福建的菽庄花园、台湾的四大名园等，其中保存最好的是广东番禺的余荫山房，建筑上的灰塑门楣、英石堆山、规则池岸、木雕洞罩、廊桥组合都是岭南园林的典范。岭南私家园林根植于民间，空间布局以建筑围合庭院为主，园林面积小，布局紧凑，建筑密集而不显局促，凡是空处皆有景，内涵丰富，颇有“缩龙成寸”之妙。鉴于岭南地区山水自然景观丰富，故岭南私家园林多建于自然山水之间，其中山水景观多为自然之中真山真水，而非人造。此外，岭南园林既汲取中国南北园林精华，又融入欧洲园林要素，结构简洁，轻盈秀雅，室内造景，室外呼应，以中西兼容而著称，如余

荫山房的深柳堂、可园的双清室、清晖园的小姐楼、梁园的群星草堂等众多园林建筑都使用了西式进口的套色玻璃和古色古香的满洲窗，成为中西文化交融的一个典范。

余荫山房

（二）海派园林

清朝末年，在西学东渐及商业化氛围的影响下，中西文化结合形成了“海派文化”这一典型的上海都市文化。上海古典私家园林深受“海派文化”的浸染，形成了亦中亦西的园林风格，园林原有的私密性和封闭性逐渐被公共性所代替。张园是当时上海最大的市民公共活动场所，被誉为“近代中国第一公共空间”。此外，上海古典私家园

林中不断融入西方园林风格，园内建成了大量的西式建筑，如张园内的“安垲第”、愚园内的“飞云楼”等，西方的规则式草坪、人工水体喷泉等也被应用于园内。张园是上海近代海派园林的典范，原是仿苏州狮子林、网师园而建，近代成为公共园林之后，逐渐被融入更多的西方园林风格。其内最为著名的是“安垲第”，楼内仅大厅就可容纳上千人集会宴客，为当时吸人眼球的宏伟建筑，张园也因此成为上海最大也最有特色的私家园林和公共场所。目前，张园已不存在，但海派园林中西融合的风格对近代上海城市园林的建造影响深远。

（三）北方园林

山东地处京都北京和南方的交界处，这里的商人、文人既可南下苏杭，也可北上京都，故园林的风格也汲取了北方园林和江南园林两种风格，最为著名的综合型山东园林便是十笏园。十笏园是中国北方园林中的袖珍式建筑，始建于明代，原是明朝嘉靖年间刑部郎中胡邦佐的故宅，后于清光绪十一年（1885）被潍县首富丁善宝以重金购得，被称作“丁家花园”，始为私家园林。十笏园位于山东潍坊市胡家牌坊街中段，坐北向南，青砖灰瓦，主体是砖木结构，总建筑面积约2000平方米。因占地较小，喻若十个板笏之大而得其名。十笏园吸纳了南北园林建筑的精髓，在此基础上又有独到的发展。陈从周先生在《说园》中便说：“潍坊十笏园，园甚小，故以十笏名之。清水一

池，山廊围之，轩榭浮波，极轻灵有致。触景成咏：‘老去江湖兴未阑，园林佳处说般般；亭台虽小情无限，别有缠绵水石间。’北国小园，能饶水石之胜者，以此为最。”

十笏园

（四）江南古典苏州园林

没有哪些园林比历史名城苏州的四大园林更能体现出中国古典园林设计的理想品质。咫尺之内再造乾坤，苏州园林被公认是实现这一设计思想的典范。这些建造于16~18世纪的园林，以其精雕细琢的设计，折射出中国文化中取法自然而又超越自然的深邃意境。

——世界遗产委员会评语

拙政园一角

苏州古典园林，指中国苏州城内的园林群，以私家园林为主。苏州园林中现保存完整的有60多处，对外开放的有19处。各园林占地面积不大，但以意境见长，以独具匠心的艺术手法在有限的空间内点缀安排，移步换景，变化无穷。其中沧浪亭、狮子林、拙政园和留园分别代表着宋（960～1278）、元（1271～1368）、明（1368～1644）、清（1644～1911）四个朝代的艺术风格，被称为苏州“四大名园”。而拙政园和留园还位于中国四大园林之列。

苏州园林在有限的空间范围内，利用独特的造园艺术，将湖光山色与亭台楼阁融为一体，把生意盎然的自然美和创造性的艺术美融为一体，令人不出城市便可感受到山林的自然之美。此外，苏州园林还有着极为丰富的文化底蕴，它所反映出的造园艺术、建筑特色以及文

人骚客们留下的诗画墨迹，折射出了中国传统文化的精髓和内涵。

1.拙政园

拙政园位于苏州娄门内，是苏州最大的一处园林，也是苏州园林的代表作，明正德年间（1506～1521）修建，占地面积达62亩。全园分东、中、西、住宅四部分，主要建筑有远香堂、雪香云蔚亭、待霜亭、留听阁、十八曼陀罗花馆、三十六鸳鸯馆等。住宅是典型的苏州民居，现布置为园林博物馆展厅。拙政园的布局主题以水为中心，池水面积约占总面积的五分之一，各种亭台轩榭多临水而筑。

拙政园缀云峰

拙政园芙蓉榭
（芙蓉榭地处东园，一半建在岸上，一半伸向水面，灵空架于水波上，伫立水边，秀美倩巧。此榭面临广池，是夏日赏荷的好地方）

拙政园见山楼
（见山楼，位于中园，此楼三面环水，两侧傍山，底层被称作"藕香榭"，沿水的外廊设吴王靠，小憩时凭靠可近观游鱼，中赏荷花，上层为见山楼。此楼高敞，可将中园美景尽收眼底）

2.留园

留园坐落在苏州市阊门外，始建于明代。清代时称“寒碧山庄”，俗称“刘园”，后改为“留园”。留园占地约50亩，中部以山水为主，是全园精华所在。主要建筑有涵碧山房、明瑟楼、远翠阁、曲溪楼、清风池馆等。留园以建筑艺术精湛著称，厅堂宏敞华丽，庭院富有变化，太湖石以冠云峰为最，“不出城郭而获山林之趣”。留园内建筑的数量在苏州诸园中居冠，其在空间上的突出处理，体现了古代造园家的高超技艺和卓越智慧。

留园奇石

留园的一大特色是奇石，东园北部屹立着著名的“留园三峰”：冠云峰、瑞云峰、岫云峰。冠云峰高6.5米，乃太湖石中绝品。冠云峰无论从哪个方向看都是一幅画，有人将它称为“东方的维纳斯”。

三、寺观园林

寺观园林指佛寺、道观、历史名人纪念性祠庙的园林，是宗教建筑与园林相结合的产物。寺观园林服务于宗教活动，其目的是创造修身养性的氛围，因此表现出幽静肃穆、超凡脱俗、庄严神秘的意境，在都市之中人化出景色优美的自然情趣，将人间喧嚣置之度外，以张扬“跳出三界外，不在五行中”的宗教文化内涵。寺观园林多建于深山，环境幽静，可谓“深山藏古寺”；布局取宁静清雅所在，层叠曲折，曲径通幽，意境淡雅悠远；还往往巧妙利用地形，多不饰色彩，朴实无华，与自然环境融为一体。现存典型的寺观园林有晋祠园林等。

晋祠位于太原市区西南25千米处的悬瓮山麓，为古代晋王祠。晋祠始建于北魏，为纪念周武王次子叔虞而建。这里殿宇、亭台、楼阁、桥树互相映衬，山环水绕，文物荟萃，古木参天，是一处风景十分优美的古典园林，被誉为山西的“小江南”，是中国现存最早的古典宗祠园林建筑群，现存有三百年以上的建筑98座、塑像110尊、碑刻300块、铸造艺术品37尊。祠内有传说中的周柏、唐槐，迄今苍翠，与难老泉、宋塑侍女像被誉为“晋祠三绝”。

晋 祠

圣母殿建于宋天圣年间，是全祠的主殿。殿外有一周围廊，是我国现存古建筑中最早的带围廊的宫殿。殿宽7间，深6间，极为宽敞，却无一根柱子。原来屋架全靠墙外回廊上的木柱支撑。廊柱略向内倾，四角高挑，形成飞檐，气势十分雄伟。殿堂里的宋代泥塑圣母像及四十二个侍女，是中国现存宋代泥塑中的珍品。

圣母殿前柱上的木雕盘龙，雕于宋元祐二年（1087），是中国现存古建筑中最早的盘龙殿柱。八条龙各抱一根大柱，怒目利爪，周身

风从云生，一派生气，距今虽近千年，鳞甲须髯，仍然像要飞动，不能不叫人叹服木质的优良与工艺的精巧。

晋祠难老泉
（难老泉水源于一丈深的石岩中，泉水常年恒温17℃。因为它晶莹澄澈，冬暖夏凉，畅流不断，终年生生不息，所以北齐时有人取《诗经·鲁颂》的“永锡难老”，命名为“难老泉”。难老泉水世世代代浇灌晋祠附近的千顷良田，造就了“千家灌禾稻，满目江南田”的丰饶景象）

洋洋洒洒上万字亦不能尽述中国园林之丰富，字斟句酌亦不能展示中国园林之神韵。要感受中国园林中博大精深的文化，要体味中国园林内在诗情画意之美，须走进中国园林，身临其境，细细品味其风韵、意韵、神韵。

图书在版编目（CIP）数据

中国园林/唐锡光，贾慧敏著.
—济南：山东大学出版社，2013.4
（中国文化读本/宁继鸣主编）
ISBN 978-7-5607-4729-3

Ⅰ.①中…
Ⅱ.①唐… ②贾…
Ⅲ.①古典园林-中国-通俗读物
Ⅳ.①K928.73-49

中国版本图书馆CIP数据核字（2013）第060487号

策划编辑：刘彤
责任编辑：马银川
装祯设计：牛钧

出版发行：山东大学出版社
社址：山东省济南市山大南路20号
邮编：250100
电话：市场部（0531）88364466
经销：山东省新华书店
印刷：济南新先锋彩印有限公司印刷
规格：880毫米×1230毫米 1/24 4印张 52千字
版次：2013年4月第1版
印次：2013年4月第1次印刷
定价：19.00元